De sol a rojo sol

From Sun to Red Sun

De sol a rojo sol

From Sun to Red Sun

J. P. Dávila

Bric-a-Brac

Press

Bric-a-Brac

Press

Bric-a-Brac Press

Copyright © 2023 J. P. Dávila

Afterword: Santiago Daydí-Tolson

Cover illustration: Rebecca Bowman

Book design: Rebecca Bowman

All rights reserved

ISBN: 9781961136014

Grateful acknowledgement to the editors of volumes in which variations of the following poems first appeared:

"Irse con flor," "Canto de la Lluvia," and "Si termino volando es sin darme cuenta," *Azahares*

"Claroscuro," *Voices de la Luna*

Para Ray y Maria Alicia

Irse con flor

Sol poniente—pena de cobre—¡cómo nos amábamos
A la luz moribunda! Últimos rayos arrojados por los
Cirros—me despediste con una flor—y con una flor me fui
Hacia el este—abierto y llenándose de noche—
Con ganas de luz y una línea color rosa que se evaporaba
A mis espaldas.

Leave-taking with flower

Setting sun—a copper sorrow—love made
By the dying light! The last rays cast about the
Cirrus—away with a flower you sent me—and away
With a flower I went east—the east open and filling
With night—taking with me this hunger for more
And a rose-colored line evaporating
Just behind me.

Canto de la lluvia

No se ve la llovizna tamizada por los árboles
En la oscuridad, solo sus efectos: hojas que reflejan
La luz de los ojos de bellas mujeres, el concreto,
Oscurecido y bebiendo, y un surtido de animales
Que brotan de la tierra como si por primera vez.

Hasta lo invisible canta—*comme une prière*—
Y teje sus ecos por el aire nuevo y resplandeciente
Que nos encierra en un momento irreproducible—
Le monde vient a la table pour trouver un siège—
La lluvia intensifica.

Rain Song

The soft rain sifted by the trees can't be seen
In the dark, only its effects: leaves reflecting
The light from the eyes of the beautiful, the concrete,
Darkened and drinking, and an assortment of animals
Sprouting from the dirt as if for the first time.

Even the invisible comes to sing—*comme une prière*—
Weaving its echoes through the new and shimmering air
That encloses us in this unrepeatable moment—
Le monde vient a la table pour trouver un siège—
The rain quickens.

Si termino volando es sin darme cuenta

La mañana anima su orquesta. Bailan los pájaros
Sobre el alpiste que les dejó una anciana que habita
Las ventanas de su domicilio. Parece estar consciente
El césped de su crecimiento al igual que las flores
Que encienden sus tallos y arden para el que quiera ver,
                                        mientras ve,

   Dando vida a la maquinaria,
   La estructura de experiencia—destapada—
   El calor que entra por los pies y el peso
      del cielo azul—
Si termino volando es sin darme cuenta.

If I end up flying, it's without knowing it

Morning wakes its orchestra. Birds flit
Over the seed left by the old woman that lives
In the windows of her home. The grass
Seems aware of its growth, like the flowers
That light the tips of their stalks and burn
For whosoever watches,
                              as they watch,

Giving life to the machinery,
The structure of experience—laid bare—
The heat that enters through the feet and the weight
    of the great blue sky—
If I end up flying, it's without knowing it.

San Pedro Springs

para Santiago Daydí-Tolson

Quisiera recordarte, para siempre, como te vi hoy,
Sin importar donde nos pongan la vida y la muerte.
Caminabas entre sombras de cenzontles en fuga,
Debajo de un cielo sin nube y azul. Y me hablabas
De un nuevo libro, la duermevela, el arco de la luna diurna,
Y tu plan de viajar piloteado por el viento los siguientes cien años.
Quisiera que el verso fuera como una bóveda para guardar,
Prístinas, las flores silvestres que nombraste y el agua tibia
Del manantial del parque donde los poetas vagabundos
Llenaban sus botellas. Que no se sacrificara ni una hoja que baila
A la torpe memoria, fabricante de calcos chuecos. Y si
Sometiéndome al despilfarro del tiempo pierdo flor y sol y
Los detalles de tu rostro al olvido y la oscuridad, si me queda,
Por lo menos, la impresión de tu calidez, como prueba de tu
Amistad, y la de este intenso azul del cielo, me conformo.

octubre 30, 2021

San Pedro Springs

for Santiago Daydí-Tolson

I'd like to remember you, always, as I saw you today,

No matter where life and death put us.

You walked between the racing shadows of mockingbirds

Below a blue and cloudless sky. And spoke

Of a new book, the nature of daydreams, the arch of the

Diurnal moon, and your plan to travel, piloted by the wind,
   for the next one hundred years.

If only I had here a vault to hold, pristine, the wildflowers

You named and the spring water the homeless

Poets filled bottles with; and not a single waving leaf
   was lost to dull memory,

Crafter of crooked calques. And, if,

In submitting to time I lose flower and sun and

The details of your face to the dark, I keep,

At least, this impressions of your warmth as proof I was a

Friend, and the intense blue of the sky, I will go content.

October 30, 2021

Pareidolia o apagón en el campo

Una constelación de luciérnagas se entrega a la entropía
Y se derrite en distintos puntos del patio ya indistinguible
De la noche que la rodea. Desde los arbustos suben muros
De oscuridad, entre el ramaje del roble, pilares tan lisos
Como el silencio. Ya no miden los ojos la distancia entre yo
Y lo que alza la noche, entre mi sangre y el viento.
Termina una dialéctica y abre paso para otra.
Por pánico o el puro gusto la mente obra un mundo
De espejos que multiplican la falta de luz y hace de cada
Sonido una voz que me llama, una ola, que rompiéndose,
Me invita a adentrarme más, a hundirme, y si quiero, perderme,
Y quiero.

Pareidolia or power outage in the country

A constellation of fireflies gives itself over to entropy
And melts in various points in the yard now no different
From the surrounding night. Dark walls rise from the
Shrubs, between the branches of an oak, pillars as smooth
As silence. The eyes no longer measure the distance
Between me and what climbs in the fallen night, between
My blood and the wind. One dialectic ends
Where another begins. Out of panic or sheer delight,
The mind builds a world of mirrors that multiply the lack
Of light and makes each sound a voice that calls out,
A wave that, breaking, invites me to go further,
Sink into the darkness, and, if I want to, lose myself there.
And I want to.

Poema hecho solo para existir

La noche se apoya en la casa,
peso del mundo pesado contra las paredes
y sobre el techo que apenas aguanta.
Apenas aguanto, y duermo y canto.
Plagio corazones, canciones de difuntos
hermosos, lo que se me viene
y lo que se me va: ejerciendo una fuerza
igual y opuesta contra la noche,
las blancas estrellas ondulantes,
y las negras líneas de árboles mal dibujados.
La casa se mantiene de pie por acto de voluntad.
El poema, otro acto. Autónomo y desplazado
como un frasco de aire del Pacifico en el oscuro fondo del mar.

Poem that only exists

Night rests on the house,
the weight of the world heavy on the walls
and roof that, upright, barely hold. I barely hold,
and sleep, and sing. Plagiarizing hearts, the songs
of the beautiful dead, what comes and
what goes, exercising its own equal force against
the night, the trembling stars,
and the dark lines of bending trees.
The house stays up by an act of will.
The poem, too, another act. Autonomous and displaced,
like a jar of air from the Pacific at the bottom of the dark sea.

Si han de caer que caigan las estrellas

> Un sueño no interpretado
> es como una carta no leída
>
> — El Talmud

Despierto—las 3:45—de lo que seguramente fue una pesadilla que huyó sin dejar otra huella que el sudor en mi frente y la impresión de haber soñado con arena en la boca—*No creo en la superstición*—digo y rondo por la casa oscurecida tocando la perilla de cada puerta. La noche despatarrada aún duerme en sueño profundo en el jardín. Me río y, siempre precavido, reviso la estufa y me pongo a contar los pelitos en la cabeza de mi hija de cuatro meses por si caen las estrellas.

If the stars do fall

> An uninterpreted dream is
> like an unread letter
>
> —The Talmud

Awakened—3:45—by what was surely a bad dream that left without any other trace than the sweat on my face and the feeling of having dreamt of a mouthful of sand—*I'm not superstitious*, I say, as I wander the darkened house tapping the knob of each door. The wide, open night still sleeps deeply in the garden. I laugh, ever cautious, as I check the stove and count every hair on the head of my 4-month-old just in case the stars do fall.

La fórmula

7 con 15—mañana nublada—
el día llega a medias sin rayo que caliente,
van gris y blanco blando donde irían bronce
        y oro lento. Pauso
al oír un pájaro, ocultado por el árbol, piar
          unos dulces tonos
          que ascienden
y se funden con otros en la música del amanecer.
Rocío sobre el césped medio vencido por el calor de julio.
    El sol que se endurece se hace cosa palpable detrás
        de una suave capa de nubes tibias.

Que esto sea una taxonomía
de sensaciones, sonidos de animales y sentimientos
para tu uso, un índice de luces que corren por la sinapsis,
una fórmula de sangre y chispas para hacer a tu imagen
la mañana y cambiar mis colores que aún no llegan al jardín,
mi canción de pájaro escondido y mi sol ausente,
por el árbol de tu niñez, tu pájaro preferido y los fuertes
colores del amanecer tal como los recuerdas.

The formula

7:15—morning cloud cover—
the day comes halfway without a ray to warm us,
gray and soft white go where there would be bronze
        and slow gold. I pause
hearing a bird, hidden in its tree, sing
           some sweet
           rising tones
that bleed into others in the music of the morning.
Dew on half grass half charred by July heat.
      The sun hardens becoming palpable behind
        a soft layer of cool clouds.

May this be a taxonomy
of sensations, animal sounds, and feelings
for your use, an index of lights running along synapses,
a formula of blood and sparks to remake this morning
in your image, and change the colors, missing from the garden,
the song of a hidden bird, and my absent sun
for the tree you remember as a child, your favorite bird,
and the hues of the morning as bold as you can remember.

«Cuéntanos de tu proceso»

Pierdo tiempo encendiendo soles
que recobro de las ascuas de días
pasados como viejas lámparas,
como baratijas de cobre que adornan
el balbuceo que sigue, y casi, casi
te calientan aun cuando hace frío.

Podré hacerte un libro de amaneceres
y cosas que no valen la pena recordar.
El trabajo es fácil. El relámpago de una emoción
corre por la iluminada curva de un surco del cerebro,
ciudades en miniatura parpadean
en la perfecta oscuridad detrás de los ojos.

Con la palabra se pinta el mundo de tu color.
Con la palabra las estrellas son tan frías
como las quieras—tan frías como tú.
Lo percibido se tiñe con la presencia de quien percibe,
siempre habrá el perfumado pelito suelto
que se encuentra en la escena del crimen,
la sombra de un andante que oculta la luz
en el momento que pasa, un dedito pícaro en tu foto.
Y es por eso que te puedo decir con certeza
que al mundo se le acabó el café, no ha dormido
en tres días y teme que, pronto, sus vicios lo maten.

"Tell us about your process"

I waste time lighting suns
scavenged from the ashes of lost
days like small lamps,
like copper trinkets crowning
the babble below them that very nearly
warm you, even when it is cold.

I could make you a book of mornings
and useless things better forgotten.
The work is easy. The bolt of an emotion
running through a shining curve of sulcus in the brain,
cities in miniature blinking
in perfect darkness behind the eyes.

Each word painting the world your color.
Each word making the stars as cold as you like—as cold
                                                                  as you.
The perceptible tinged with the presence of the perceiver,
always a sweet-smelling stray hair
at the scene of the crime,
the shadow of a passerby blocking out the sun
for a step as he passes, a rogue finger in the picture
you take. And it is for this that I can say for certain
that the world is out of coffee, hasn't slept in three
days and fears its vices will soon kill it.

Poema con título que robé de Kooser o después de muchos años

Después de muchos años te veo, de lejos, pasar
y, como ave que apenas se ve, desaparecer
volviendo al secreto lugar al que perteneces (pausa).
Recalentados valses y cucharadas de miel se hacen
a un lado para comienzos y finales necesarios (pausa).
Pienso. (Pausa). El mundo termina cada día por accidente
o por ambición del tiempo que entrega los ojos del viejo
a las olas del sueño, y vuelve a nacer entre los sollozos
y la sangre. Me pregunto si no también habrá, cada día,
revolución en el cielo que amenaza arrasar con el dorado
baluarte de la gloria y desalojar a las estrellas temblantes.
¿Quién no estaría contento entre los ángeles y los santos,
aunque lejos de ti?

Poem with a title I stole from Kooser or After Many Years

After many years I see you pass, from afar,
and, like a bird scarcely seen, disappear
back to the secret places you belong (pause).
Reheated waltzes and spoonfuls of honey step
aside for necessary beginnings and ends (pause).
I think. (Pause). The world ends each day by accident
or bald ambition of time that gives over the eyes of
the aged to the waters of sleep, and is born anew
amidst sobs and blood. I wonder if, each day,
there isn't also revolution in the sky that threatens
to upend heaven's holy bulwark and cast down
the trembling stars of gold. Who wouldn't be happy
among the angels and saints, even if far from you?

Sueños que hacen llorar al Buda

I

Anoche soñé que te volví a tocar
y los colores con que se tejía todo
se salían por la ventana, dejando solo
la luz que no dejaba ver por intensa
y el regalo que le hace un cuerpo a otro.

II

Para maitines se llena una copa
con la luz de un atardecer ausente.
Viene a nuestra cita la neblina
que se tiende por la casa como una emoción,
y, trago tras trago, me lleno del color del sol que cae,
hasta que el mundo se ablanda y puedo dormir.

III

Al licántropo, la luna lo absuelve de su sueño
de perro malo, pero al que tiene hambre
solo de la luna, prueba todo y nada lo satisface.

Dreams that make the Buddha cry

I

Last night I dreamt we touched
and the colors woven into everything
leapt through the window, leaving
only a light too bright to see by
and the gift one body gives to another.

II

For matins a cup is filled
with the light of a long-gone afternoon.
The mist, draped over the house like a feeling,
comes to visit, and, drink after drink,
I fill up on the colors of the falling sun,
until the world softens and I can sleep.

III

The moon absolves the lycanthrope
of his wild dog dreams, but he who hungers
for the moon itself, tries everything and nothing satisfies.

Contrapunto

Vienen sombras con tu luz, amor,
que bailan detrás tuyo,
transparentes como las que dejan caer
las últimas hojas de la rama más desnuda.
Jamás nos damos cosa pura, a pesar de
los intentos: cada vela asaltada
por la oscuridad que provocó su brillo,
las manos que renuncian a su oficio de palpar
para ser parte de tu diadema negra.
Nada puro ni completo en sí menos la misma
imperfección que deja su sello en todo lo que toca:
los cuerpos imperfectos con que se hace el amor
imperfecto y los labios medio sonrientes
derramando promesas que, como todo poema
jamás escrito, prometen demasiado, lo imposible:
ser más que unas cuantas palabras solamente, sin luz,
sin calor, y dichas con la esperanza de detenerte aquí
    un rato más.

Counterpoint

Shadows come with your light, love,
that shudder just behind,
transparent like those the last leaves
drop from the barest branch.
We never shared a pure thing
for all the trying, each candle besieged
by the darkness that bade it burn,
the hands, renouncing their work of searching
to be part of your dark crown.
Nothing pure or complete spare imperfection
itself, leaving its mark on all it touches:
the imperfect bodies for making imperfect love
and the half-smiling lips
spilling promises that, like every poem
ever written, promised more than could be given:
to be more than just words only, sans light,
sans heat, and said in hopes of keeping you here a little
    longer.

Cuadro dentro de otro cuadro o reflexión sobre el imaginismo

Especímenes detrás de un vidrio, frío al tocar,
Mariposa sobrevivida por su negro y nácar,
Su memoria conservada en la jaula de cristal
Guarda flores, campos, soles y la red que al final
Arrebató el fresco viento de su ala invernal
Para hacerla cuadro muerto en un museo de ciudad.

Painting within another painting or reflection on imagism

Specimens under glass, cold to touch,
A butterfly survived by its black and pearly sheen,
Its memory preserved in a crystal box,
Hides flashes of flowers, fields, suns, and the net
That pulled the wind from its pale wings
To frame them, lifeless, on a bare white wall.

Ars silentii

El primer pájaro que se atreve a cantar
sin cese, antes de que el alba seque
el rocío de sus doradas alas, gana el bosque,
la envidia del cenzontle que vive del mimetismo,
y la adulación de un sinnúmero de ciegos bichos
subterráneos que aún no saben el valor
del silencio que hace de cada golpe un tambor
y de cada gota un eco de sonoros mares.

Ars silentii

The first bird that dares sing,
ceaselessly, before the dawn dries
the dew from its golden wings, wins the forest,
the envy of the mockingbird that lives to mimic,
and the adulation of blind underground
bugs that don't know the worth of good silence
that makes of each thump a drum
and of every drop a shimmering sea of echoes.

Poema de una promesa que aún no se cumple

Te tenía olvidada, luna,
memoria del sol,
pluma a la deriva en lo oscuro,
abandonada a los abusos del poeta
que saquea tu antigua casa blanca
en nombre del poema.
Te tenía olvidada, luna,
y aparecías en mis aguas y las ventanas
reflejada, hasta que te volví a colgar, por fin,
en tu erial de luces locas, prometiendo volver
cuando tenga algo nuevo que hacer de ti.

Poem of an unkept promise

I had forgotten you, moon,
memory of the sun,
feather adrift in the dark,
given over to the violence of the poet
who sacks your ancient white home
in the name of the poem.
I had forgotten you, moon,
yet you appeared, reflected in my waters
and the windows until I hung you, at last,
again, in your desert of mad stars, promising
to return when I had something new to make of you.

Inspirado por Yeats

«El talento percibe la diferencia, el genio la unidad», se dice,
Y sin embargo no veo nada del alma mía en el mundo
De las cosas que paso caminando.

Se desciñe la noche sobre el agua del río,
Sobre los deshabitados árboles de papel.

Una cadena de estrellas que sube desde el este
Me hace reconocer mi pequeñez, despierta una urgencia
De abrigarme, pero no con la líquida luz vertida por ese
Dinamo de luceros,   ni con el infinito
    —capaz de contener las dimensiones
        de un paraíso de ángeles despatarrados—
Sino con el momento actual, la insistencia de este cuerpo
Y la sangre para otro cuerpo y más sangre:
Alguien con quien puedo compararme, conocer el límite de ser,
Y compartir lo que se siente vivir bajo un cielo tan ancho.

Inspired by Yeats

"Talent perceives difference, genius unity," he said,
And still I see nothing of my heart in the world
Of things as I pass them walking.

Night falls over the river,
Over the deserted paper trees.

A chain of stars rising from the east
Reminds me of my smallness, wakes an urge
To wrap myself, not in the liquid light spilling from that
Dynamo of stars,   or with the infinite blue
         —able to contain
                  a whole heaven of barefoot angels—
But in the present moment, the insistence of this body
And blood for another body and more blood:
Someone with whom I can compare myself, know the limits of being,
And share what it is like to live under a sky so wide.

El campo de Teseo

La mañana revienta.
El sol sube sobre el campo
Donde los gorriones que desaparecen
Se cambian por nuevos,
Como las células de un cuerpo que duerme,
O si no un cuerpo, un río verde
De maleza y alas al que no se puede entrar
Dos veces (quizá ni una),
O si no un río, la memoria de una memoria
De una memoria, que tienes como rollo
De monedas guardado. Miro al sol cruzar
El campo y sé que esto es un juego con que pierdo
Tiempo si pregunto cómo cambiará el mundo
Por la cantidad de luz y unos pájaros perdidos.
El campo, obviamente, sigue siendo el mismo,
Soy yo el que tiene que cambiar.

Theseus' field

Morning bursts.
The sun climbs over the field
Where the sparrows that vanish
Swap out with others,
Like the cells of a body asleep,
Or if not a body a green river
Of wings and weeds into which you can't step
Twice (maybe even once),
Or if not a river, the memory of a memory
Of a memory, that you keep like a roll
Of coins. I watch the sun cross
The field and know I waste time
Wondering how the world might change
With the quantity of light and a few lost birds.
The field, as ever, is the same,
It is I who must change.

Bosquejo de la noche

Se desnuda la noche

        entre los pinos

                sed de agua
                sed de ser un ser distinto

Escucho como si alguien me hablara
el campo está más vivo que yo y lo sabe
                me consta

solo mira como aguanta el peso de tanta luz

Sketch of the night

The night disrobes

    between the pines

             thirst for water
             thirst to be a another I

Listening like someone might speak
the field is more alive than I and knows it
          I'm sure

just look at how it bears up the weight of so much light

Requiescat in pace

Casi había paz en la espera
antes de que se nos subiera el sol
cuando el mundo era unas onzas más pesado
y las horas menos inclinadas a
prenderle fuego a lo que se había construido
a lo largo de una vida

Ahora el viento nos traspasa
va de casa en casa
y yo…pues haciendo
lo único que sé hacer

El planeta se irá así—¿sabes?
onza por onza
gota por oscura gota
como fruta de alguna ignorada rama negra

Requiescat in pace

There was almost a peace in the waiting
before the sun climbed up
when the world was a few ounces fuller
and the hours less inclined to
set fire to what had been built
over the course of a life

Now the wind runs us through
moving from house to house
and I…doing
all I know to do

The planet will go on like this—you know?
ounce by ounce
dark by dark drop
like the forgotten fruit of some black bough

Parábola

el gorrión alaba el viento, dador de vuelo, con canto,
y el oropel de luz intermitente
hace bata para hombros que ni hombros son,

en el sagrado calor que agita el verano
hasta las hojas creen que su árbol es Dios

Parable

the sparrow praises with song the wind, giver of flight,
and the tinsel of intermittent light
makes a robe for a body with no shoulders,

in the sacred heat the summer stirs
even the leaves believe their tree is God

Museos de la sangre

por haber olvidado cómo morir
pasé la noche paseando a Dios
por los muy humanos museos de la sangre
diciendo *así* y *así* y *así*
                        tienes que estirarte fino y delgado
como susurro
sentir el dolor moderno de la vida moderna
que se acuesta por encima del claustrofóbico
pesado y con su mortaja de entierro

y más y más y más y más

                        ¿quién dijo que la tierra era plana?

se aplana más con cada vuelta   con cada plaga

las pulgas de la semana sueñan con una gran bahía blanca
mientras soñamos con lluvia
si Dante y Shakespeare dividen el mundo
no queda ni una sola piedra desnuda que codiciar

y se abandona la tradición   este meridiano por otros
en busca de una roca en que afilar nuestro silencio
      infiernitos que ocupar
otra razón por seguir que nos espera como una ciudad desierta

Museums of the blood

having forgotten how to die
I spent the night walking God
through the very human museums of the blood
saying *like this* and *like this* and *like this*
                                you need to stretch yourself fine and thin
like a whisper
feel the modern ache of modern life
that lies heavy on the claustrophobe
with her burial cloth

and more and more and more and more

                                      who said the earth was flat?

it flattens with each turn   each plague

this week's fleas dream of great white bays
while we dream of rain
if Shakespeare and Dante divide the world between them
there isn't so much as a lone naked stone to covet

tradition is abandoned   this meridian for others
in search of a rock to sharpen our silence on
     little hells to occupy
another reason for going waits like an empty city

o un claro o campo a que no se nos permite ir
donde el duende
      bastardo de la musa
            rueda por los suelos
atrapado como cosa primitiva en el gran ojo de un otoño
    eterno

donde otra versión del Dios   mudo   abierto como ave
tan alto como una llaga color cielo
              se desata del negro moño de la cruz
y se queda un rato hablándonos en verso de su juventud

aquí en el vacío desde donde sube la mañana nueva
                        que endurece
                                su plata
      aquí donde me estiro fino y delgado como susurro
debajo del signo de un nuevo dolor
y busco rocas entre otros pretendientes al mundo dividido

or a clearing or field we're not permitted to enter
where the duende
    bastard of the muse
        rolls in the leaves
trapped like a primitive thing in the great eye of an eternal autumn

where another mute version of   God   spread like a bird
tall as a sky-colored scar
            unties from the black bow of the cross
and stays awhile speaking in verse of his youth

here in the emptiness of a new morning
            hardening
                    its silver
    here where I stretch fine and thin like a whisper
under the sign of a new ache
looking for rocks among other pretenders to a split world

Pequeño catálogo de imágenes sin emoción o poema que podía haber escrito en Nueva York 2011

mediodía,   abierto
    sobre la ciudad,
café negro aunque lo prefiero con leche,

unos puños de pájaros   se van
    desparramándose
en reversa,   hacia arriba,   al cielo,

al pálido azul,   fuera de vista,

        hacia la nada—

de pronto el impulso pasajero de comprobarle
al mundo que estuve aquí   …   y nada más,

el concreto jamás ha estado más duro.

Small catalogue of unfeeling images or poem I could have written in New York 2011

midday,   open
    over the city,
black coffee though I prefer milk,

a fistful of birds   goes
    scattering
in reverse,   upwards,   into sky,

into soft blue, out of sight,

        into nothing—

suddenly the passing urge to prove
to the world I was here … and nothing more,

the concrete has never been harder.

De la posteridad

No habrá más que ver
cuando pelo un ojo feo al pasado
que un montón de días tumbados,
los despojos de una vida que me
hubiera gustado haber vivido bien
y una cantidad de poemas publicados
en la gloria—que es decir en ninguna
parte—porque, como la luz y el amor,
no es destino en sí, un lugar estrellado
de ángel y oropel, sino un sentimiento
que se apoderará de ti cuando cada cosa
dorada, cada palabra e imagen caiga
en su debido lugar—un bocadito de
satisfacción con que te premia la musa
y que tan solo te deja con ganas de más
y el reconocimiento de que el poema, enfriado,
ya le pertenece a la gloria.

Of posterity

There will be nothing more to see
when I peel an ugly eye at the past
than a heap of fallen days,
the ruins of a life
I would have liked to have lived well
and a number of poems published
in heaven—which is to say nowhere—
because, like light and love,
it is not, in itself, a place, star-lit cove
of angel and tinsel, but a feeling
that takes hold when each golden thing,
each word and image fall
into place—a taste
of satisfaction, reward, the muse allows
that leaves only the want for more
and the realization that the poem, now cold,
already belongs to heaven.

La primera secuencia de una endecha inacabada

> Não consentem os deuses mais que a vida.
> —Pessoa

para Meghan

Cantábamos con lenguas de granito
la noche que la colgamos de los circuitos
sobre el arco rudo de nuestra montaña,

después, clamor que hicimos tratando de entender,
buscando—un nombre, una sola palabra para

punto donde el tiempo
y el espacio se sueltan:

sensación dijiste,   *muerte* dijiste,
olvido dijiste,   *frío* dijiste,

pero no nos contestó la sangre que silbaba antes de
irse con las fogatas que juntaron sus dados y siguieron.

Solo había el silencio, sin sentido, interrumpido por ofrendas
de sal sacudidas de unos rostros—y tu herencia:
sombra de segunda mano y un corazón ajeno,
latiendo alocadamente al costado del tuyo.

The first sequence of an unfinished dirge

> The gods grant us nothing more than life.
> —Pessoa

for Meghan

We sang with stone tongues
the night we hung her by the circuitry
above the rude arc of our mountain,

after, a clamor to understand—
hunting—a name, a single word for

point where time
and space let go:

sensation you said,   *death* you said,
oblivion you said,   *cold* you said,

but the whistling blood did not answer before
leaving with the fires that gathered their dice and followed.

Only silence, senseless, interrupted by salt offerings
shaken from some faces—and your inheritance:
secondhand shadow and a foreign heart,
beating madly alongside your own.

Poema

Este poema será maravilloso por lo que no contiene
Y prosperarás con lo que no te enseña
De aquellos días que golpean
Con martillo azul la tierra
O la luna con cara ahondada que va
Dejando puños de sal en los techos del sur

No hay donde descansar o ver a Dios
Enjaulado como animal color flor...
Recuérdalo entonces por lo que no fue
Astilla bajo la uña del diablo—el punto negro de tu ojo

Poem

This poem will be a marvel for what it can't contain
And you will learn from what it doesn't tell
Of those days that beat the earth
With blue hammers
Or the pock-faced moon that goes
Leaving fistfuls of salt on the southern rooftops

There is nowhere to rest or see God
Caged like an animal the color of flowers…
Remember it then for what it couldn't be
Splinter under the devil's nail—the black point of your eye

El silencio de la rosa

> El hombre debe considerarse dichoso
> de haber sido contemporáneo de la rosa.
> —Juan Ramón Jiménez

Antes, el santo a la rosa le decía:

¡No me grites, ya sé por quién ardes!

Hoy en día, acariciada por las cien manos

Del viento, la flor calla, cabecea,

Como si no asintiera a discutir más,

Y silenciada, se mece en el silencio.

Conforme, digo que no tiene sentido

Culpar a Dios si la rosa no nos habla,

Con el tiempo nos dirá lo que se tiene que saber,

En el momento indicado y a su manera.

The silence of the rose

> Man should consider himself lucky
> to have been the contemporary of the rose.
> —Juan Ramón Jiménez

Before, the saint would call to the rose saying:
No need to shout I know for whom you burn!

Today, caressed by the wind's one hundred
Hands, the flower, hushes, nods,
As if refusing to say more,
And silent, sways in silence.

Resigned, I say there is no reason
To blame God If the rose won't speak,
Any day it will tell us what we need to hear,
At just the right time and in its own way.

Abril

ya no puede ser abril el mes más cruel
después de conocer estas semanas infelices

el verano duró todo el otoño

en el calor que se demora
el invierno se abre como un hibisco color diente

se pierden voces
                que desnudas como los tobillos
                de un niño
se deslizan detrás del ruido de la vida
                          del mercado
                          de la calle
                          de la lluvia—
ha llovido cuatro días tan solo esta semana y viene más

hemos perdido tres solo este año
con más que amenazan con juntar sus cubiertos
                              y partir

la primera se fue como muchos
                        sin ruido
clavando su estaca en el círculo de la noche
cuando nadie la veía
                    el segundo con prisa
                    dejándonos
                    una sola
                        hoja

April

April can no longer be the cruelest month
after knowing these unhappy weeks

summer stayed with us through fall

in the lingering heat
winter opens like a tooth-colored hibiscus
out of season

certain voices
                nude as the heels
                of a child
disappear behind the sounds of life
                              of the market
                              of the street
                              of curtains of
                                        rain—
four days this week alone with more coming

we've lost three this year
still others threaten to gather their silverware
                                        and go

the first went like many
                        noiselessly
driving her stake through the night's circle
when no one would see
                              the second quickly
                              leaving back

            en la camilla de hospital
            como prueba
            de que había vivido
            entre
                los hombres

y la tercera   (dilo)
no de golpe como palomas
y la mayoría de los pájaros
              sino cautelosamente
bola de papel   por   bola   de   papel
hasta que su muerte fue nada más
    que el débil *pum*
            de un corazón
            buscando algo
            que se le había olvidado
            mientras que el pecho
            se detenía

no es más cruel el mes de lilas que el agosto gordo y lleno de luz
ni más agudo que el diciembre que se posa como
    la misma ausencia
        en la puerta que abierta da por un lado a la nada
y por otro al tipo de silencio que solo se conoce después de volcar tu auto
y que despierta a una casa con llanto en un día que ya recuerdas

un silencio que resuena como disparo en medio de una noche quieta

                                    a single
                                            leaf
                                    in the hospital bed
                                    as proof
                                    he'd lived
                                            among men

and the third   *(pause)*
not all at once like doves
and pollinators
                                            but soft *(pause)*
paper ball   by   paper   ball
until her death was nothing more than
        the tinny thrum
                    of a heart
                    searching the rooms
                    for what it had forgotten
                    as the rising chest
                    grew still

the lilac month is no crueler than fat August thick with
    light
no sharper than December standing
        like its own absence
                in a threshold between nothing
and the kind of silence that greets upturned cars
and wakes a whole house with sobbing on a day you
    already remember

the kind that rings out even here like gunfire in the quiet

Fragmento

«Mi amor es un arpa no tocada en un cuarto de una casa desolada»,
dijo, o quería decir, o esperaba que yo lo dijera. «¿Cómo espero
a la muerte?» Y sin responder, así lo dejé. Yo en aquellos días
el dueño de solamente dos o tres corazones, unas cuantas calles
verticales, y la tos que heredé de mi padre.
Me ocupaba con perfeccionar la vida, el ocio de la piedra,
el cómo del amanecer. Maestro de luz y leche. ¿Qué
sabía del arrepentimiento o de la hora en que más se
notaba la noche gris colgada como grito tendido en el cielo?

Fríos para calentar. ¡Infiernitos que sacudir de los rincones!

¿Fue entonces morir, su proceso negro de calambre y escapulario,
otra forma mal vestida de vivir un ratico?

¿Y qué de la bendita porquería que amontonaba en la mesa?
Las hojas de sicomoro, la orilla del mar con sal, cositas doradas, y
anillos de tierra? ¿Qué valían entre dos silencios? ¿Qué valían
sabiendo que se abriría el sol con boca de fusil, pero lento,
tras la casa, y tendría tantas preguntas mi protagonista? Si alguien
hubiera tenido la gentileza de enseñarnos cómo morir…o
quizás extraer la vida del morir…entonces…entonces….

Fragment

"My love is an untouched harp in the room of an empty house,"

he said, or wanted to say, or hoped I'd say. "How do I wait

for death?" I left without answering. In those days the sole owner

of two or three hearts, some vertical streets, and my father's cough.

Busy with perfecting life, the idleness of stone,

the *how* of morning. A master of milk and light. What did I

know 'bout grief or the hour that the gray night

looked most like a cry hung low and stretched across the sky?

Coldnesses to heat. Little hells to shake from the corners of the room!

Was dying then, its black process of cramp and scapular,

another undressed way to live a little?

And what of the holy junk I heaped on the table?

The leaves, sea edge with salt, gold trinkets,

and rings of earth. What were they between two quiets?

What, when the sun opened its barrel, slow, behind the house,

and my protagonist was full of questions?

If someone had only been kind enough to show us how to die…

or dig the life out of dying…then…then…

Metáforas blancas o fases de la luna

Rebanada de melón
La uña de un Dios con muchas manos
La sonrisa que es también una navaja
      Y un morralito de cicatrices
Por el bosque de nubes muertas—blancura
El primer azahar en rama negra
Espejo del sol espejo y de la mujer que me ama
Bola de cera abandonada por la llama
La llama
Araña dorada trepando por las colinas de agua
      Pescadora de estrellas y de peces
Tambor del cielo
Piedra blanqueada
Destino de espectros y silencio
Escudo eléctrico
Liebre blanca en ojo de gato
Cultora en el templo de verano
Ojo medio abierto
      Bajo el cual ha pasado cada fantasma
Toro que asciende su torre de escaleras transparentes
Rehén del viento en erial de luces frías
Rumor del alba enmarcado por ventanas terrenales
Susurro blanco situado en la cresta

White metaphors or lunar phases

Melon rind

Fingernail of a many-handed God

The smile at once the blade of a knife

        And a soft pouch of scars

Through the forest of dead clouds—whiteness

First lemon blossom on the black bough

Sun mirror—mirror of the woman who loves me

Wax ball jilted by the flame

The flame

Gold spider on the hills of water

        Fisher of stars and fish

Sky drum

Whitewashed stone

Rest stop of spirit and silence

Electric shield

White hare in the cat's eye

Worshipper in the temple of the sun

Half opened eye

        Under which each phantom passes

Bull scaling the see-through stairs of its tower

Captive of the wind on a bed of cold lights

Throb of the sunrise framed by earthly windows

White whisper on the crest

Del horizonte que desvanece
Jardinera de jardines marcianos
Candente metal del herrero en cielo calcinado
Voz espectral junta a la fuente de penas humanas
Panteón de huesos astrales
Rebanada de melón

    Of a vanishing horizon
Gardener of Martian gardens
The blacksmith's hot steel in a sky of ash
Ghostly voice at the fountain of human suffering
Astral boneyard
Melon rind

Escrito en el aniversario de una muerte

No se da con lo perdido cuando uno no sabe qué busca.
Han sido diez años, y con cada que pasa faltan más cosas
del inventario, pero no de ti, tu digna espera en ese lugar
a la orilla del mundo y la línea que trazaba tu hombro en la almohada,
sino de aquellos detallitos que me hacen creer que sí pasó: el nombre
del médico sin rostro, lo que me murmuró mi hermana al hundirse
el elevador, o si hubo luna burlona o no esa madrugada que se esfumó
como todas. Estas cosas se han ido. A veces recordar es como volver
sobre tus pasos en la nieve, o ambular por la lluvia de ceniza
en tu Pompeya personal buscando, a la difusa luz de las ascuas, trozos
de una vida regalada a la sombra, baratijas, fragmentos de loza
y una sonrisa rota. Qué no daría por compartir otra taza a la hora del té.
Lástima que no sé qué se hizo con la tetera azul de tu madre.

Written on the anniversary of a death

You'll never find it if you don't know what you are looking for.
It has been ten years, and, with each passing, more things go missing
from the inventory, not of you, your dignified wait in that place
at the edge of the world and the line your shoulder traced against the pillow,
but those details that make me believe it happened: the name
of that faceless doctor, what my sister muttered as the elevator sank,
whether there rose a mocking moon that vanished
like all others or not. These things have gone. At times, remembering
is like retracing steps in the falling snow, or stumbling through a plume
of falling ash in your personal Pompeii, searching, by the glow of embers,
for the shards of a life given over to shadows, trinkets, fragments of pottery
and a broken smile. What I wouldn't give to share another cup of tea.
Shame I don't know what happened to your mother's blue teapot.

Fundido a blanco

Una anciana, sin paraguas, pasa sola
en rumbo a casa sobre los espejos de la calle.
El cielo, gris y sin fin, salpica a la tierra
y la vía empedrada con una llovizna
tan delicada que apenas a llovizna llega.
Los pájaros se han ido y no sé adónde,
ni por qué me dan ganas de un nardo
cuando solo tengo margaritas. Un nardo
perfumado, como los con que soñaba Lorca
hasta el final, un nardo que cortará a la tarde
con su navaja en flor. No sé si me explico bien,
ni si pudiera sin una buena metáfora para este deseo
voluble que se viste de mí, cambia de antojo cada cinco,
y ha decidido echar a perder lo que nos queda de la tibia
luz, suavizada por la niebla detenida, añorando al sol.

Fade to white

An old lady, sans umbrella, walks home
alone over the mirrors of the street.
The gray and limitless sky flecks the earth
and cobblestones of the avenue with a rain
so soft it is barely rain.
The birds have gone and I don't know where to
or why I want a spikenard
when I only have daisies. A fragrant spikenard,
like the kind Lorca dreamed until his last,
a spikenard to cut open the afternoon
with its blade in bloom. I don't know if I explain
myself, nor that I could without a good metaphor
for this finicky desire that wears my clothes, that changes
its mind every five minutes, and has decided to waste
what is left of this tepid light, softened by a still mist,
yearning for the sun.

Poesía,

Eres: ella, y ella y ella, millas sobre la tierra,
Desnuda y libre como debes de ser,
Los brazos en que nos dejamos envolver
Para hallarnos despiertos, eléctricos y de pie,

Esa distante parcela solita al cruzar el Jordán
Que no se permite ni conocer ni de su fruta probar,
Eres la leche y la miel, la sal y la sed,
Eres como ausente y condena a la vez,

Amor no correspondido y la razón para amar,
Eres amante, exilio, y laborar sin cesar,
Eres sentir que algo falta cuando el día amanece
Y el horizonte en llamas cuando el cielo oscurece,

Poesía, tú eres ella, y ella, y ella y miles más,
Y dondequiera que te buscan ahí estarás.

Poetry,

You are: her, and her, and her, miles above the earth,
Naked and free as you should be,
The arms into which we fold
To find ourselves standing, electric, awake,

That distant plot of land across the Jordan
Which we are not permitted to see or taste its fruit,
You are milk and honey, salt and thirst,
You are absence itself and a life sentence at once,

Unrequited love and the reason for loving,
You are lover and exile, and ceaseless toil,
You are the feeling something is missing at daybreak
And the horizon ablaze where the sun cools,

Poetry, you are her and her, and her and one thousand more,
And wherever you are sought there you will be found.

La pura necesidad

Parece que se te ha acabado, lo que sigue,
la cosa que se dice de tal manera, y de repente,
entrando al esplendor: el esplendor.

La monarca zigzaguea por las hojas,
en la luz y el calor, tocándole, al pasar,
la llama de cada flor.

Miro y el mundo se inclina hacia mí,
obligándome, abandonado del lenguaje,
a seguir por la pura necesidad…

The sheer need

You feel you've run out, what goes next,
the thing said just so, and suddenly,
walking into splendor: splendor.

The monarch lilts between the leaves
in the heat and light, touching, as it goes,
the flame of each flower.

I watch, the world leaning forward,
bidding me, abandoned by language,
to go on for the sheer need…

La palabra

1

La palabra es el sonido de la ausencia,
el suspiro que los músculos del cuerpo
vuelven plegaria y pregunta

2

Es el nombre que de los labios brota
para tener muy presente lo que falta:
el perfume de un amor perdido
y las recordadas playas de la niñez llenas de sol

3

La palabra es un acto de la voluntad
que se impone al caos de estrellas
de la noche azul para organizarlo
y así mansearlo

4

Es el fantasma de la imagen,
el soñado eco del placer,
es el inicio del vacío y
la semilla de la sed...
que es decir, pues, nada, y...

The word

1

The word is the sound of absence,
the sigh the body's muscles
turn prayer and question

2

The name that from the lips pours
to hold near what is lacking:
the perfume of a lost love
the sunlit beaches of a youth remembered

3

The word is an act of will
imposed on the blue night's
chaos of stars to order
and tame it

4

It is the ghost of the image,
the dreamt echo of pleasure,
it is the beginnings of the void
and the seed of thirst...
which is to say, nothing, yet...

Urbi et orbi

La televisión dice que se acaba el mundo
Los mapas cambian a un color enojón
Y ni siquiera tienes que esforzarte
Para escuchar los pájaros negros
Pasando por las calles vacías,
Rugiendo en el silencio.

marzo 2020

Urbi et orbi

The tv says the world is ending
As maps change to angry colors
And you needn't strain
To hear the blackbirds
Passing through the empty streets
Roaring in the quiet.

                                                March 2020

Casi

Si te encuentras en el centro pasando por el parque donde duermen los vagabundos del verano, en aquel momento—el preciso momento en que el sol—blanco—rabioso—se alza sobre los edificios—verás el instante en que los ladrillos se sacuden de frío—y las históricas calles se despiertan, cubiertas de oro transparente. Verás como las fuentes, llenas de luz, caen a la derecha con el viento, y como la mañana con todo y frescura se reclina en la plaza dejando sus pechos caer—y casi, casi sentirás que la belleza de aquel momento gigantesco—pasajero—te da una nalgada y te llama travieso. Si vieras lo que debes ver en vez de otra cosa—aunque solo por un instante—casi lo tendrás—mientras que te deja: la limpidez que se adueña de la escena, las sombras que echan palomas en vuelo, y el sonido de la sangre que te mantiene vivo.

Almost

If you discover yourself downtown passing through the park where the homeless of summer sleep, in that moment—the very moment when the sun—rabid—white—rises over the buildings—you will see the instant the bricks shake off their cold—and the historic streets awaken, covered in transparent gold. You will see the fountains, full of light, fall with the wind to the right, and how the morning in all its freshness leans against the plaza letting its breasts drop—and you will nearly, nearly feel the beauty of that giant moment—fleeting as it is—thump you on the rump and call you naughty. If you saw the things as you should instead of any other way—if only in the moment—you'd almost have it—while it lets you: the clarity overtaking the scene, the shadows dropped by passing doves, and the sound of your blood keeping you alive.

Poema incompleto inspirado por una autopista incompleta

El sol pasa por los huesos de la autopista que ha estado por completarse ya por años debido a un error de cálculo y la falta de fondos. Abajo, una red de sombra se tiende sobre la sílice que brilla y la blanca roca que parece estar a punto de respirar. Un anillo de ceniza señala donde hubo fuego y los restos de un campamento, trozos de una vida—también en estado de devenir—que trazan donde alguien había dormido en la medialuna de concreto que sube entre el fierro y las costillas de la construcción…

Unfinished poem inspired by an unfinished overpass

The sun passes through the bones of a freeway in the making for years now due to a miscalculation and sudden lack of funds. Below, a net of shadows stretches over shining silica and white rock that nearly seems to breathe. A ring of ashes flutters where a fire burned out alongside the leftovers of a campsite, remnants of a life—also in the process of becoming—that outline where someone had slept in the semicircle of concrete rising between the iron i-beams and the ribs of the construction site...

Ocaso y crepúsculo

Apenas se mecen los árboles y cambia
cómo entra el fulgor del ocaso al patio:
la arquitectura de luz en que se posan
los pájaros, heraldos negros de la noche.

La transparente piedra angular de la tarde
cruza, lenta, sobre el césped, escala el muro
del jardín y se va, subiendo a ese sitio
entre las nubes en que los temblorosos tonos
del día en huida y la noche que viene se confunden.

Y es casi triste hallarse aquí, entre las mitades
de un cielo vuelto encuentro del no día y la no noche,
donde hago, con todo y clavo, un no poema
con el mismo esmero que uno haría una casa
en que jamás nadie viviría.

Sunset and twilight

The trees barely sway changing
how the light of the dropping sun falls into the yard:
the architecture of light on which the birds
perch, black heralds of the night.

The transparent cornerstone of the afternoon
crosses, slowly, over the grass, climbing the garden
wall and goes, rising to that point
among the clouds where the trembling shades
of fleeing day and the tones of incoming night meet and blur.

There is almost a sadness here, between the halves
of a sky turned encounter between the not-day and not-night,
where I make, nail and all, a not-poem
with the same care with which one might build a house
in which no one would ever live.

Viaje entre soles

Se dice que la velocidad
A la que gira el planeta
Depende de tu posición
Debajo de su cúpula estrellada.

A novecientas millas por hora vamos
Y no siento nada, mirando
Cómo se detienen las nubes
Sobre una roja ladera lejana
En que se puso el sol entre los árboles.

No sé cuántas millas iremos
Hasta que el próximo sol despierte
Al ancho cielo. Pero me consta
Que he viajado más lejos por menos
Y me decido a seguir, incluso si me toma
Toda la noche, esperando
A que cada estrella y su luz se desvanezca.

Journey between suns

It's said the velocity
At which the planet turns
Depends upon your position
Under its starry cupula.

Nine hundred miles an hour we go
And I feel nothing, watching
How the clouds hold still
Above that red and far off hillside
Into which the sun dug itself between the trees.

I don't know how many miles we'll go
Until the next sun wakes
The wide sky, but I'm certain
I have traveled farther for less
And decide to press on, even if
It takes me all night, waiting
For each star and its light to vanish.

Ars poetica

Hay que enamorarse de lo que no es,
de lo solo posible antes de dejarse
enamorar: el destino imaginado
a que se apunta el primer paso,
y las promesas que se guardan en la luz
que dormita por debajo de los edificios
del horizonte antes de que le cantan
los pájaros al nuevo sol.

Mira la belleza del vacío
y nota cómo se cambia el árbol al llenarse
de viento para tener nombre para lo no visible.
Contempla la blancura de la página
como si esperaras que ahí se posara
una nueva especie de ave,
y escucha bien lo que aún no se ha dicho,
tomándolo muy en cuenta antes de tomarle la mano
de la amante o entregarle, por completo, la vida
a lo que aún no es nada.

Ars poetica

You must love what isn't,
the only-just-possible before you truly fall
in love: the imagined destination
to which the first step points,
and the promises hidden in the sleeping
light under the buildings on the horizon
before the birds sing to the new sun.

Look at the beauty of the void
and note how the tree changes
when filled with wind so as to have a name
for the not visible.
Consider the blaring whiteness of the page
as if you waited for a new species
of bird to land upon it,
and listen hard to what hasn't been said,
pulling it close, before taking a lover's
hand or giving your life, completely,
to what is still nothing.

Traducción de una traducción

> *Am Ende ist alle Poesie Übersetzung*
>
> —Novalis

El sol del atardecer se asoma
Entre las nubes color piedra
Y se derrama, entre la lluvia,
La luz. Las flores amarillas
Abren los ojos al oro
Que las rodea, los charcos
Se vuelven blancos y el mundo,
Lustrado, brilla y calla mientras
Camino a casa empapado de sol
Y agua, debajo de dos cielos distintos.

Translation of a translation

> In the end, all poetry is translation
> —Novalis

The afternoon sun peeks
Between stone-colored clouds
And spills, into the rain,
Its light. The yellow flowers
Open their eyes to the gold
Around them, the puddles
Turn white and the polished world
Shines and hushes as I
Walk home soaked by water and sun
Beneath two different skies.

Petrarca pierde a Laura por la plaga

Antes, estaba el joven enamorado del amor mismo
Y padecía de una cabeza llena de corazón.

—Eres bella por diseño —decía
—Invento del ojo —decía
—Voto de confianza en la perfección incompleta —decía.

Era, donde iba la desconocida, la música y simetría
Unidas en un cuerpo ágil que se codiciaría toda la vida
Y después. Prueba, pensaba, que sí hay un Dios
Sumamente bueno, vivo y reconocible a los iniciados.
¿Sabrá, si en la muerte se vuelven a encontrar,
Distinguirla de las sombras del otro mundo que los juntará?

Petrarch loses Laura to the plague

Before, young, he was in love with love itself
And suffered from a head full of heart.

"You are beautiful by design," he'd say
"Invention of the eye," he'd say
"Vote of confidence in incomplete perfection," he'd say.

She was, wherever she went, music and symmetry
Together in a single supple body coveted for all a life
And after. Proof, he thought, of an all-good God,
Living and knowable to the initiated,
Will he know, if in death he finds her, to tell her apart
From other shadows in the next world that joins them?

Ramo de rosas

I
Rojo sol que se pone en un tallo
II
Labios de la boca que guarda secreto
III
Quieto fuego de pétalos abiertos
IV
Guiño del ocaso entre hojas
V
Ofrenda de sangre en flor
VI
La roja promesa del amor
VII
Un regalo de espinas
VIII
Lecho de la abeja
IX
Corazón de la primavera
X
Las alas del cardenal
XI
Llama de vela terrenal
XII
Pincelito del atardecer

Bouquet of roses

      I
Red sun setting on a single stem
      II
Lips of a mouth keeping secrets
      III
The still fire of opened petals
      IV
Wink of the falling sun among the leaves
      V
An offering of blood in bloom
      VI
The red promise of love
      VII
A gift of thorns
      VIII
Marriage bed of the bee
      IX
The heart of the spring
      X
Wings of the cardinal
      XI
Flame of an earthly candle
      XII
Paintbrush of the afternoon

Spring Cleaning

Hojeo un cuaderno viejo de estrofas
Tachadas y garabateo como si anduviera
Por la saqueada juventud de otro:
Traducciones de poemas no escritos,
Detalles biográficos de seres queridos
Que, desde niño, temía perder a la muerte,
Y una cantidad de amaneceres guardados
Con una fidelidad científica, casi escucho
Una lista de nombres volverse una vieja canción,
Una nota al lado de otra línea redactada dice
Que necesito una nueva palabra para *hambre*,
Volteo la hoja, el trabajo de limpieza detenido,
Un epígrafe mal escrito, robado de James Wright
Resuena en el silencio que sostenía la fantasía de volver:

        He desperdiciado la vida…

Guardo el cuaderno en la repisa y saco pluma.

Spring Cleaning

Leafing through an old notebook of crossed-out
Stanzas and sketches as if wandering
Through the sacked youth of another:
Translations of unwritten poems,
Biographical details of loved ones I,
Since childhood, feared of losing to death,
And a number of mornings recorded
With a scientific fidelity, I can nearly hear
A list of names become an old song,
A note in the margin by a redacted line says
I need a new word for *hunger*,
Turning the page, the work of cleaning stopped,
A scrawled epigraph stolen from James Wright
Rings out in the silence that buoyed up the reverie:

        I have wasted my life…

I shelve the notebook and pick up a pen.

Claroscuro

Cada tarde al sur del zócalo
Antes que el sol reparta lo que le queda,
Como si anunciando la noche venidera,
La tierra suspira un remolino de plumas
Oscuras sobre las avenidas.

Se abren como manos los pájaros,
Una nube de navajas negras se dobla,
Gira, distorsiona la tarde y cambia al cielo
Como lo cambia la lluvia.

Un ábaco de urracas lleva la cuenta
De los aletazos de la coreografía,
Transformado el cielo, la nube se mueve
Como un solo ente y escolta la noche
Al primer peldaño del horizonte
Antes de esfumarse, llenando los árboles
De sombras y abriendo paso para una bandada
De estrellas que se mueven juntas, también,
Como un solo animal por la oscuridad.

Chiaroscuro

Each afternoon south of the square
Before the sun doles out what is left,
As if announcing the coming night,
The earth sighs a gust of dark
Feathers above the avenues.

Birds open like hands,
A cloud of black knives folds,
Turns, and distorts the afternoon, changing
The sky like rain changes the sky.

An abacus of grackles keeps track
Of choreographed wing beats and turns,
The sky, transformed, the cloud moves
Like a single being, escorting the night
To the horizon's front step
Before vanishing, filling trees
With shadows and making way for a flock
Of stars moving together, also,
Like a lone animal in the darkness.

La despedida de John Berryman

Habiéndolo ensayado mil veces
En la paz de los sueños,
Se le hizo fácil echar un clavado
Del blanco puente. Las mangas llenas
De viento, ya no sentía el peso
De su cuerpo ni de la vida,
Era como la luz, ya casi ni siquiera
Caía, aunque cobraba velocidad,
Rígido como una rama negra
Y nevada de la cual se le había llevado
La fruta que solía dar en los días cálidos,
Se le acercaban el pálido azul del lento río
Helado, el hielo y la nieve. En una pestañada
Lo recibió el frio—el calor de su cuerpo,
Una rosa floreciendo en su cráneo, y más dolor
De lo que se puede aguantar en una sola vida.

John Berryman's farewell

Having practiced a thousand times
From the safety of dreams
It seemed easy diving headlong
From the white bridge. Sleeves filling
With wind, no longer feeling the weight
Of life or the body as it moved downward,
He was like light, nearly no longer even
Falling, though he picked up speed,
Rigid, like a black and snow-laden
Branch from which the fruit had been picked
In warmer days. The ice, snow, and pale blue
Of the deep, slow river rose up growing closer.
In a flash, the cold would receive him, the warmth
Of his body, a rose flowering in his skull, and more
Pain than a single life could bear.

Razón de ser

Como captar en foto
Un pájaro no descubierto
En peligro de extinción
Antes de que se esfume
Entre las ramas, alejándose
Para siempre con la canción
Que en la garganta aún lleva
Y un pico de hilos oscuros
Para completar su nido
En el olvido.

.

Reason for it

Like photographing
An undiscovered bird
On the brink of extinction
Before it disappears
Between the branches, taking
Forever with it the song
Still hidden in its throat
And a beak full of dark threads
To finish its nest
In the abyss

.

Año nuevo

Un año se desliza detrás de otro,
Si en sus puestos de siempre
Brillan las estrellas, no se ven
Detrás de las espesas nubes
Que las ocultan. Estallan en pedazos
De luz rojiza cohetes que matizan
Techos cercanos y las copas
De los árboles semidesnudos
Agarrados todavía de sus últimas
Hojas que se niegan a volar.
Se abrirá el año fuera de vista,
Nada más que la mera promesa,
Que esperamos ver cumplida,
De más tiempo y nuevos días
Que se parecerán a días ya vividos,
Y un poquito más de las cosas
A las que corremos y aquéllas
Que esquivamos. Parece que basta
Con tan solo prometer que hay un destino
De placer y pena por descubrir
Para que nos echemos corriendo, alegres
Y sin cuidado hacia el misterio,
La gran boca negra de la mañana lejana
Y su susurrada promesa vaga.

New Year

One year slides behind another,
If the stars, at their posts as usual,
Shine, they can't be seen
Behind the thick clouds
That hide them from sight. Bottle rockets
Burst into threads of red light staining,
Briefly, nearby roofs and the tops
Of half-naked trees
Still clutching the last leaves
They refuse to let fly.
The year opens out of sight,
Nothing more than a promise,
We'll wait to see kept,
Of more time and new days
That seem old, and lived in,
And a little more of the things
To which we run and those
From which we flee. It seems
The promise an unknown future
Of peace and pain to uncover
Is enough to send us rushing, headlong
And happily into mystery,
The great mouth of a distant morning
And its whispered vague promise.

Índice/Table of Contents

Irse con flor	2
Leave-taking with flower	3
Canto de la lluvia	4
Rain Song	5
Si termino volando es sin darme cuenta	6
If I end up flying, it's without knowing it	7
San Pedro Springs	8
San Pedro Springs	9
Pareidolia o apagón en el campo	10
Pareidolia or power outage in the country	11
Poema hecho solo para existir	12
Poem that only exists	13
Si han de caer que caigan las estrellas	14
If the stars do fall	15
La fórmula	16
The formula	17
«Cuéntanos de tu proceso»	18
"Tell us about your process"	19

Poema con título que robé de Kooser o después de muchos años	20
Poem with a title I stole from Kooser or After Many Years	21
Sueños que hacen llorar al Buda	22
Dreams that make the Buddha cry	23
Contrapunto	24
Counterpoint	25
Cuadro dentro de otro cuadro o reflexión sobre el imaginismo	26
Painting within another painting or reflection on imagism	27
Ars silentii	28
Ars silentii	29
Poema de una promesa que aún no se cumple	30
Poem of an unkept promise	31
Inspirado por Yeats	32
Inspired by Yeats	33
El campo de Teseo	34
Theseus' field	35
Bosquejo de la noche	36
Sketch of the night	37

Requiescat in pace	38
Requiescat in pace	39
Parábola	40
Parable	41
Museos de la sangre	42
Museums of the blood	43
Pequeño catálogo de imágenes sin emoción o poema que podía haber escrito en Nueva York 2011	46
Small catalogue of unfeeling images or poem I could have written in New York 2011	47
De la posteridad	48
Of posterity	49
La primera secuencia de una endecha inacabada	50
The first sequence of an unfinished dirge	51
Poema	52
Poem	53
El silencio de la rosa	54
The silence of the rose	55
Abril	56
April	57
Fragmento	60

Fragment	61
Metáforas blancas o fases de la luna	62
White metaphors or lunar phases	63
Escrito en el aniversario de una muerte	66
Written on the anniversary of a death	67
Fundido a blanco	68
Fade to white	69
Poesía,	70
Poetry,	71
La pura necesidad	72
The sheer need	73
La palabra	74
The word	75
Urbi et orbi	76
Urbi et orbi	77
Casi	78
Almost	79
Poema incompleto inspirado por una autopista incompleta	80
Unfinished poem inspired by an unfinished overpass	81
Ocaso y crepúsculo	82

Sunset and twilight	83
Viaje entre soles	84
Journey between suns	85
Ars poetica	86
Ars poetica	87
Traducción de una traducción	88
Translation of a translation	89
Petrarca pierde Laura a la plaga	90
Petrarch loses Laura to the plague	91
Ramo de rosas	92
Bouquet of roses	93
Spring Cleaning	94
Spring Cleaning	95
Claroscuro	96
Chiaroscuro	97
La despedida de John Berryman	98
John Berryman's farewell	99
Razón de ser	100
Reason for it	101
Año nuevo	102
New Year	103

De sol a rojo sol, una lectura

Quien lea los poemas de este libro se sorprenderá al oírse susurrando. A media voz los irá leyendo, como quien murmura las palabras de una canción predilecta por emotiva. La voz que estos poemas dice será la suya. Porque estos poemas son el murmullo de una voz interior universal, de un espíritu esencial que en su emoción profunda y subyugada casi calla para dejar que sean nuestras voces, las de sus lectores, las que digan los poemas.

Invita este poemario a sumirse en la contemplación del ser, a establecerse en un estar atento a las sutiles manifestaciones de la conciencia. Nos habla de nosotros mismos, trasmutado el yo personal del hablante y el tú del interpelado en ese yo común del que todos participamos.

No se busque temas al día ni retóricas del momento en este libro decididamente lírico. Hablan sus poemas desde la sensibilidad atemporal de la conciencia humana primordial, casi adánica: apenas recién expulsada del paraíso que la belleza del mundo evoca y el espíritu añora. Tiene por eso el lenguaje de este libro un carácter nostálgico, meditabundo, sobrecogido como el de quien pronuncia una oración, o mejor aún, exclama compungido un salmo.

Ha de leerse este libro en el silencio de la intimidad, en un retiro espiritual no muy diferente al ejercicio religioso, penitencial, de un auténtico anacoreta libre de dogmas y lecciones. Si algo se aprende en este libro, si algo se afirma, es la plenitud del saberse profundamente humano.

Santiago Daydí–Tolson

From Sun to Red Sun, a reading

Whoever reads the poems in this book will be surprised when they find themselves whispering. They'll say them softly, like someone reading the words of a favorite, moving song. The voice that accompanies these poems will be theirs. Because these poems are the murmur of a universal inner voice, of an essential spirit that in its deep yet controlled emotion almost hushes itself to allow our voices, the ones of its readers, to be the ones that say them out loud.

This collection of poems invites us to sink into the contemplation of the self, to settle into being attentive to the subtle manifestations of the conscience. It speaks of us, of the personal I of the speaker and the you of the one spoken to, transmuted into that common spirit we all participate in.

Do not look for the themes of today or present rhetorical trends in this decisively lyrical poetry collection. Its poems speak from the timeless sensitivity of the primordial human conscience, one almost like Adam's, just expelled from the paradise that the beauty of the world evokes and the spirit longs for. That is why the language of this book has a nostalgic, meditative character, overcome and drawn into itself like that of one who says a prayer, or even better, shouts out, in remorse and sorrow, a psalm.

This book should be read in the silence of solitude, in a spiritual retreat not very different from that of the penitential religious exercise of the authentic anchorite free from dogmas and lectures. If something can be learned from this book, if it affirms anything, it is the fullness of knowing that one is deeply human.

Santiago Daydí–Tolson

Bric-a-Brac

Press

www.ingramcontent.com/pod-product-compliance
Lightning Source LLC
Chambersburg PA
CBHW022120040426
42450CB00006B/776